IOSEPH LABRE GALLUS
BENEDICTUS
ORTUS DIE XXVI MARTII
MDCCXLVIII IN BONON·DIOEC·
IN GALLIA OBIIT ROMAE DIE
XVI APR·MDCCLXXXIII·

RELATION

TRES-INTÉRESSANTE,

Concernant le Serviteur de Dieu Benoît-Joseph LABRE, de la Paroiſſe d'Amette, Dioceſe de Boulogne en Picardie, mort à Rome en odeur de Sainteté, le 16 Avril dernier.

A AVIGNON;

Et ſe trouve A PARIS,

Chez GUILLOT, Libraire de MONSEUR, Frere du ROI, rue de la Harpe, au-deſſus de celle des Mathurins.

M. DCC. LXXXIII.

RELATION
TRÈS-INTÉRESSANTE,

CONCERNANT le Serviteur de Dieu, BENOÎT-JOSEPH LABRE, de la Paroisse d'Amette, Diocese de Boulogne, en Picardie, mort à Rome en odeur de Sainteté, le 16 Avril dernier.

***

Extrait de la Gazette de France, du Vendredi 30 Mai 1783, article de Rome au 7 Mai.

UN pauvre François à l'aumône, nommé BENOÎT-JOSEPH LABRE, qui depuis quelques années habitoit cette ville, est mort ces jours passés en odeur de Sainteté; l'Eglise dans laquelle il a été inhumé, ne cesse d'être fréquentée par un grand nombre de personnes qui l'invoquent, & déjà on lui attribue des guérisons miraculeuses.....

A ij

Premiere Lettre de M. FONTAINE, Prêtre de la Congrégation de la Miſſion, à Monſeigneur l'Evêque de Boulogne, datée de Rome du 23 Avril 1783.

MONSEIGNEUR,

JE me perſuade que vous agréerez l'empreſſement avec lequel je vous annonce la mort précieuſe d'un de vos Diocéſains ; j'ai eu moi-même la conſolation d'aller honorer ſon corps, qui a été expoſé à la vénération publique. Le concours du peuple a été immenſe ; les Cardinaux, & tout ce qu'il y a de plus reſpectable ici , ſe ſont fait honneur d'aller lui témoigner leur vénération. On parle d'une multitude de miracles opérés par ſon interceſſion ; je ne vous en ferai pour le moment aucun détail, parce qu'ils ne ſont pas encore authentiques ; je vous dirai ſeulement ce que j'ai vu. Le troiſieme jour au ſoir j'ai été lui baiſer la main ; ſon corps ne donnoit aucune odeur de corruption. Finalement j'ai obtenu cette copie de l'inſcription qu'on a miſe dans le cercueil de plomb, dans lequel il a été dépoſé. Depuis le mo-

(5)

ment de sa sépulture, le tombeau est prodi-
gieusement fréquenté. Les personnes qui m'ont
donné copie de l'inscription pour vous être
envoyée, desireroient savoir quelque chose
de sa premiere vie, avant qu'il quittât votre
Diocese pour aller à Septfons, parce qu'on
voudroit composer ici sa vie, d'après les
dépositions de ceux qui l'auront connu. Je
n'ai pas eu cet avantage; je connois seule-
ment deux personnes qui l'ont pratiqué, &
qui disent des choses admirables de son humilité & de son esprit de pénitence.

J'ai l'honneur d'être,

MONSEIGNEUR, &c. *Signé*, FONTAINE,
Prêtre de la Congrégation de la Mission.

Copie de l'Eloge inscrit sur la tombe de
BENOÎT-JOSEPH LABRE, par ordre
du Saint Pere.

L'AN de Notre-Seigneur 1783, indiction
premiere, sous le Pontificat de Notre Saint
Pere le Pape Pie VI.

Benoît-Joseph, fils de Jean-Baptiste Labre
& d'Anne-Barbe Gransir, né le 26 Mars
1748, en la Paroisse d'Amette, au Diocese de Boulogne en France, après avoir

A iij

paſſé ſagement les premieres années de ſa jeuneſſe, ſous la conduite de ſon oncle paternel, Curé de la Paroiſſe de Saint - Sulpice d'Erin, dans le deſir d'embraſſer un genre de vie plus auſtere, ſe retira à l'Abbaye Royale de Notre-Dame de Septfonts, Monaſtere de la plus ſtricte obſervance, & fut admis le 28 Octobre 1769 au Noviciat parmi les Clercs ; mais après y avoir ſupporté avec patience pendant plus de deux mois une maladie, où l'auſtérité de la vie qu'on y mene l'avoit fait tomber, il ſe vit contraint de quitter le 2 Juillet 1770, l'habit de l'Ordre qu'il avoit dignèment porté plus de huit mois. Il conçut alors le deſſein d'entreprendre différents pélerinages, & ſa piété le porta en particulier à viſiter Notre - Dame de Lorette, & les Tombeaux des Saints Apôtres. Après avoir donné par - tout de rares exemples des vertus chrétiennes, il ſe fixa à Rome (*). C'eſt en cette ville que portant la pauvreté évangélique au plus haut point, ſans rien demander à qui que ce ſoit, ne vivant que des aumônes qui lui étoient offertes, deſquelles il n'acceptoit que le néceſſaire, & dont même il mettoit à part une portion pour le ſoulagement des pauvres, il ſe

____

(*) Il n'en ſortoit que pour aller en pélerinage tous les ans à Notre-Dame de Lorette.

propofa de s'oublier foi même, pour s'occuper
de Dieu feul, & fe rendit célebre par fa profonde humilité, par le mépris du monde &
de foi-même, par les rigueurs de fa pénitence, par une priere continuelle, par les
ftations qu'il faifoit chaque jour en différen-
tes Eglifes depuis le lever du foleil jufqu'à
fon coucher, & par la pratique de toutes
les autres vertus; de forte que quoique fon
habillement & tout fon extérieur fiffent en
quelque forte horreur, fa conduite édifiante
le rendoit cher à tout le monde.

Le 16 Avril 1783, après être refté long-
temps, fuivant fon ufage, dans l'Eglife de
Notre-Dame des Monts, en étant forti & fe
trouvant dans le veftibule, il tomba en défaillance, ce qui obligea de le conduire dans une
maifon voifine, où une perfonne de piété lui
avoit offert une retraite qu'il avoit acceptée ;
il y reçut l'Extrême-Onction, & au milieu des
prieres des Prêtres, & des autres perfonnes
que la nouvelle de fon état avoit attirées auprès
de lui, il s'endormit en paix dans le baifer
du Seigneur, à la premiere heure de la nuit
(à fix heures du foir). Le lendemain on l'ap-
porta avec une pompe convenable, dont des
perfonnes pieufes firent les frais, en cette
Eglife, où il fut fuivi d'un grand concours
de Peuple. Dans le même moment prefque
toute la ville fut frappée du bruit & de la

renommée de fa fainteté; & des perfonnes de tout rang fe rendirent auprès de lui avec tant d'empreffement, qu'une forte garde eut peine à contenir la foule, qui accouroit de toutes parts. Pour fatisfaire les pieux defirs des Fideles, Sa Sainteté ordonna que le corps demeurât expofé jufqu'au foir du 20 Avril, jour de Pâque, & le même jour honorablement enterré, dans un lieu remarquable.

Signé, LUC ANTOINE, *Chanoine, Procureur-Fifcal.*

Au-deffous eft écrit : je fouffigné, Notaire public, certifie la préfente copie conforme à l'original dépofé fur la tombe de BENOÎT-JOSEPH LABRE, comme il eft conftant par l'acte dépofé dans mon Etude, le 20 du courant.

Signé, JOSEPH, *Notaire.*

Seconde Lettre de M. FONTAINE, *Prêtre de la Congrégation de la Miffion, à Monfeigneur l'Evêque de Boulogne, datée de Rome le 4 Juin 1783.*

MONSEIGNEUR,

Votre Diocéfain continue toujours ici à faire beaucoup de bruit. Rome eft dans l'im-

patience de recevoir les imformations parti-
culieres qu'il plaira à votre Grandeur nous
envoyer. On parle d'une multitude innom-
brable de miracles opérés fur fon tombeau :
il faut du temps pour tout vérifier ; mais
j'ai lu plufieurs Relations frappantes , que
j'aurois l'honneur de vous envoyer , fi elles ne
faifoient pas un volume trop confidérable. Le
tombeau eft toujours fréquenté prefque comme
le premier jour , & avec le même fuccès.
Un événement qui peut être regardé comme
le plus grand & le plus précieux de tous ces
miracles , eft la converfion d'un Anglois Pré-
dicant de Bofton , qui , ayant pouffé la curio-
fité jufqu'au point de rechercher lui-même
les preuves de plufieurs guérifons opérées par
l'interceffion du Serviteur de Dieu , eft par-
venu à fe convaincre de la réalité de plufieurs ;
s'eft conféquemment fait inftruire , & a fait
Dimanche dernier fon abjuration : il eft bon
d'obferver que cet Anglois eft un homme
très-inftruit & fort éclairé , autant que peut
l'être un homme élevé dans l'erreur.

Pour moi, Monfeigneur, je ne peux m'em-
pêcher d'admirer la conduite de Dieu fur fon
Serviteur ; l'empreffement & l'unanimité avec
laquelle on concourt à honorer un homme
qui , la veille de fa mort , étoit regardé comme
la boue de cette Ville , préfentent certaine-
ment quelque chofe d'extraordinaire. On com-

mence aujourd'hui le procès de Béatification, *authoritate ordinariâ*. Il eſt étonnant avec quel zele le public contribue aux dépenſes néceſ-ſaires pour les informations.

J'ai l'honneur de vous envoyer imprimée l'inſcription que je vous ai envoyée manuſ-crite : j'y joins trois petites parcelles de ſon habit, & quelques images ; le tout vous perſuadera de la grande réputation de Sainteté de ce Serviteur de Dieu.

J'ai l'honneur d'être,

MONSEIGNEUR, &c. *Signé*, FONTAINE, *Prêtre de la Congrégation de la Miſſion.*

Troiſieme Lettre écrite à Monſeigneur l'Evêque de Boulogne, par M. l'Abbé DE LUNEL, *en date de Rome le 26 Avril 1783.*

MONSEIGNEUR,

J'étois auſſi incrédule ſur le compte de feu BENOÎT - JOSEPH LABRE, votre Diocéſain, que S. Thomas à l'égard de la réſurrection de *Jeſus Chriſt*. Je fus cependant le voir par curioſité trois jours après ſa mort. Je le trouvai frais, flexible, & ſans aucune odeur de corruption. La Providence fit qu'à la vue de mon rabat diftinctif des Abbés François, fon Confeffeur, le Pere qui l'affifta à la mort, & le Supérieur du Monaftere où il eft, me prierent de lire fes papiers, dont on ignoroit le contenu, & de les expliquer en italien : j'y confentis volontiers ; ce qui a fait que j'ai été plus d'une fois témoin de chofes merveilleufes & bien capables de guérir mon incrédulité. C'eft une de vos brebis ; elle fait l'éloge de fon Pafteur. Je crois devoir faire paffer à votre Grandeur une fidelle copie du procès-verbal qui a été fait fous mes yeux par ordre du Cardinal - Vicaire , une copie de fes papiers principaux en due forme : je voudrois donner au Public , au défaut de tout autre, un abrégé exact de fa vie.

J'ai l'honneur d'être ,

MONSEIGNEUR, *&c. figné*, l'Abbé DE LUNEL.

Monfeigneur l'Evêque de Boulogne , Prélat auffi diftingué par fa fcience profonde que par fes vertus éminentes, après des témoignages fi authentiques, s'eft fait un devoir de partager fa joie avec fon Peuple. Voici comme il parle du Serviteur de Dieu :

Qu'il nous foit permis d'en prendre occafion de manifefter ici , pour l'édification

publique, la joie particuliere que nous don-
nent les juſtes motifs de croire, ou du moins
de préſumer grandement, que le nombre de
ces bienheureux Citoyens du Ciel, a été
augmenté depuis peu par un de nos Diocéſains, mort au mois d'Avril dernier en odeur
de Sainteté à Rome, où en menant *une vie*
très-auſtere, *& cachée en Dieu avec Jeſus-
Chriſt*, il pouvoit dire avec S. Paul, dont il
alloit ſouvent révérer le glorieux tombeau,
*le monde eſt crucifié pour moi, & je ſuis cru-
cifié pour le monde.* Quoique ſon extérieur
fort abject, parût aux yeux de la chair n'avoir
rien que de rebutant & d'affreux, cependant
ſon inſigne piété, ſon humanité profonde,
ſon amour auſſi grand pour la pauvreté que
généreux pour les pauvres, avec qui il par-
tageoit les aumônes qu'il avoit reçues, ſans
les avoir demandées, lui avoient attiré l'eſtime,
la bienveillance, la vénération de tous les
vrais appréciateurs de ſes excellentes vertus;
ſur-tout de ſa continuelle application à la
priere, *dont l'aſſiduité* que vous, ô faux ſages
de notre ſiecle, cherchez tant à décrier, à
déprimer, à détruire comme n'étant que le
vil partage des perſonnes inutiles à la ſociété,
ne peut toutefois être trop louée, trop exal-
tée, trop protégée; puiſque, ſelon un oracle
divin auquel *les diſcours* artificieux *de la ſageſſe
humaine*, n'oppoſent que des raffinements vains

& illusoires, *elle a beaucoup de pouvoir* auprès du Souverain Maître des temps, des cœurs & des événements (*).

Telle est la substance du bel éloge que fait de ce vénérable défunt l'inscription latine mise avec l'approbation du Saint-Siege dans son cercueil ; éloge confirmé par nombre de lettres écrites de la même ville, & dont deux nous ont été adressées par M. Fontaine, qui après avoir professé la théologie pendant plusieurs années en notre Séminaire, est à présent chargé à Rome des affaires de la Congrégation de la Mission.

Graces & gloire soient à jamais rendues à la bonté divine, qui, pour opposer ses digues *aux torrents d'iniquité* dont la terre est aujourd'hui inondee, & des contre-poisons aux venins d'incrédulité dont elle est infectée, a fait notoirement paroître des signes surnaturels & merveilleux dans la capitale du monde chrétien, afin que la vive & générale sensation qu'ils y ont produite, se répandît plus aisément de toutes parts jusqu'aux régions les plus lointaines, & servît davantage au triomphe de la Religion, à la confusion de

---

(*) Voyez le Mandement de Monseigneur l'Evêque de Boulogne, qui ordonne des prieres pour la conservation des biens de la terre, daté le 3 juillet 1783.

l'impiété, à l'affermiſſement de la Foi, à l'encouragement de la ferveur. Graces & gloire lui en ſoient rendues, ſur-tout dans ce Dioceſe, heureux d'avoir donné naiſſance à cet illuſtre Pénitent, plus heureux de l'avoir pour ſpécial protecteur dans le Ciel ; plus heureux encore ſi le récit ou le ſouvenir de ſes héroïques vertus contribue à y former un grand nombre d'imitateurs de ſon oraiſon aſſidue & de ſon application conſtante à s'humilier, à ſe vaincre ſoi-même, à dompter ſes paſſions, *à crucifier ſa chair*, à conquérir par de généreux efforts, & à *emporter par violence le Royaume des Cieux*, où il occupe à préſent un trône d'autant plus élevé, & goûte une félicité d'autant plus délicieuſe, qu'il s'eſt abaiſſé plus profondément ſur la terre, & qu'il a *porté* plus courageuſement *la mortification de Jeſus-Chriſt ſur* ſon *corps* exténué de jeûnes & d'auſtérités. O bienheureuſe pénitence, peut-il dire comme S. Pierre d'Alcantara, puiſqu'elle m'a mérité une ſi grande gloire ! Ne peut-on pas auſſi lui approprier ces beaux textes de la Sainte-Ecriture, comme vérifiés en ſa perſonne : *Dieu bénit le juſte, & ſe hâte de le récompenſer. Il le fait croître & lui fait porter ſes fruits en peu de temps.... Tel eſt ſans vigueur dans un beſoin continuel du ſecours d'autrui, dans la défaillance & dans une extrême pauvreté; & cependant l'œil de Dieu* regarde cet homme favorablement, le tire de son humiliation, l'éleve en honneur ; & plusieurs voyant cela en sont surpris & en rendent goire à Dieu.... Le Seigneur tire de la poussiere l'indigent, & éleve le pauvre de dessus le fumier pour le placer avec les Princes de la Cour céleste.

Donné à Boulogne en notre Palais Episcopal, le 3 Juillet 1783. *Signé* † FRANÇOIS JOSEPH , *Evêque de Boulogne* ; & plus bas est écrit: Par Monseigneur. *Signé*, CLÉMENT, *Secretaire.*

Déclaration de M. le Curé de la Paroisse d'Amette , au Diocese de Boulogne-sur-mer, ce 26 Juin 1783.

LE vénérable BENOÎT-JOSEPH LABRE , est né en cette Paroisse le 26 Mars 1748. Il étoit fils de Jean-Baptiste Labre & d'Anne-Barbe Gransir , vivant ici honnêtement de leur bien , & ayant eu quinze enfants , dont neuf sont encore vivants , & dont il étoit l'aîné. Ledit Benoît Joseph Labre , prévenu, ce semble, dès son enfance par la grace de Dieu, faisoit dès lors des actes de piété répondants à son âge , comme de se retirer dans sa chambre , où il s'étoit fait un petit oratoíre, où il chantoit ce qu'il avoit entendu à l'Eglife, & s'y exerçoit à fervir la Meffe : à mefure qu'il avançoit en âge, il croiffoit en vertu & en fageffe, ayant toujours donné à fes parents, à fes fupérieurs, & à tous ceux qui étoient témoins de fa conduite, des preuves de la piété la plus fincere envers Dieu & la Sainte Vierge, à laquelle, après Dieu, il fut le plus affectueufement dévoué dès fa tendre jeuneffe, affiftant à tous les Offices, Sermons & inftructions de fa Paroiffe avec une attention, une exactitude, une modeftie vraiment édifiante, faifant tout avec fageffe & pudeur. Il étoit d'une obéiffance prompte pour tout ce qu'on lui commandoit, d'une tranquillité qui le faifoit conduire de façon à n'occafionner jamais aucun trouble, d'une patience qui lui faifoit fupporter les imperfections des autres fans fe plaindre de ce qui en réfultoit de défagréable pour lui, montrant toujours en tout de la gaieté & de la tranquillité ; d'une grande ardeur pour apprendre à lire, à écrire, & les premiers éléments de la Religion : il n'avoit de goût que pour elle ; & quand il étoit obligé de fe trouver aux divertiffements qu'il y a dans les campagnes, après l'Office, il fe retiroit à l'écart pour y lire dans des livres de piété.

A l'âge de douze ans, il alla demeurer avec fon oncle paternel, Curé d'Erin, Diocefe

de

de Boulogne, pour y apprendre le latin ; il n'y fit pas de grands progrès, s'occupant plus particuliérement d'actes de piété : il obfervoit tous les jours de jeûnes ordonnés par l'Eglife ; & feu fon oncle a dit à plufieurs perfonnes qu'il fouloit aux pieds les fruits de fon jardin plutôt que de toucher à ceux même les plus capables de le tenter ; il avoit en horreur ces petits larcins fi ordinaires aux jeunes gens de fon âge. Il demeura chez fon oncle environ fix ans & demi : il alloit tous les mois à confeffe.

A feize ans, il vint ici demander à fes pere & mere la permiffion d'aller à la Trappe, renonçant au revenu honnête qu'il pouvoit efpérer après eux, étant l'aîné de fa famille. Cette permiffion lui fut refufée long-temps ; enfin il exécuta fon deffein, & fut à l'Abbaye de la Trappe, où on ne voulut pas le recevoir, parce qu'il n'avoit pas l'âge requis. A vingt ans, il fut postuler aux Chartreux, Diocefe de Saint-Omer ; ils le renvoyèrent pour apprendre la Dialectique & le Chant ; il l'apprit chez deux différents Eccléfiaftiques. Il revint chez fes pere & mere, où il perfévéra dans la pratique des vertus chrétiennes : fa mere a déclaré qu'il couchoit fur des planches au lieu d'être dans fon lit : l'ayant furpris un matin, elle lui demanda la raifon de cette auftérité. *C'eft, dit-il, que Dieu m'ap-*

B

pelle à une vie *austere & pénitente ; je com-*
mence à entrer dans ses vues. Un jour il
tourmenta beaucoup sa mere pour obtenir
la permission d'aller se livrer à son attrait
pour la pénitence ; elle lui refusa , dans la
crainte que, quittant la maison paternelle , il
ne trouvât pas de quoi subsister : son fils lui
répondit : *Laissez-moi aller , ma mere , je*
vivrai de racines comme les Anachoretes ;
avec la grace de Dieu , on peut encore vivre
comme eux. Ayant enfin obtenu la permission
de ses pere & mere , il se rendit à l'Abbaye
de Septfonts , où les mortifications & les
austérités lui causerent une maladie à laquelle
il résista patiemment plus de deux mois ,
après lesquels il fut obligé de quitter un
état qu'il avoit toujours desiré. Depuis sa
sortie de Septfonts, ses parents n'ont plus reçu
aucune nouvelle de lui; ils ne savoient pas
même où il étoit : il est par conséquent très-
faux qu'il eût reçu 36 liv. tous les mois de
sa famille , comme il a été avancé.

Nous soussignés , Curé & Vicaire de ladite
Paroisse d'Amette , certifions que ce Mémoire
est conforme en tout ce qu'il contient , aux dépositions que nous avons été chargés, de la
part de Monseigneur l'Evêque de Boulogne,
de recevoir ici. En foi de quoi, &c.

Signés, PLAYOULT, *Curé d'Amette ;*
BOURGEOIS, *Vicaire.*

Je joins ici un extrait d'une lettre de Rome, du vingt - sept Avril mil sept cent quatre-vingt-trois. Comme il n'est pas fait mention de ceci dans celle que vous avez reçue de Rome , j'ai cru à propos de vous en faire part Vers la fin d'Avril l'année derniere , ledit BENOÎT - JOSEPH LABRE vint trouver son Confesseur tout tremblant : *Hélas ! mon pere, lui dit-il , j'ai cru que j'étois mort , qu'on m'avoit enterré à Sainte Marie - des - Monts, du côté de l'Epître , qu'il y avoit autour de mon corps une quantité de monde qui faisoit grand bruit. J.-C. m'a dit : je te cede ma place.* Disant cela , il fondoit en larmes sur ces paroles *je m'en vais*; le Confesseur le consola, & lui dit que cela étoit impossible ; mais qu'il n'y avoit pas de péché. Comme le Confesseur étoit frappé de cette révélation , & qu'il lui sembloit, à ce récit, voir lui-même alors tout ce qu'il a vu dans la nuit, que d'ailleurs il regardoit cet homme-là comme un bienheureux, d'après l'histoire du livre & de l'aumône surtout; il fut trouver trois personnes des plus considérables de Rome , & les pria d'écrire cette révélation d'un pénitent, & de l'attester dans la suite , si la circonstance l'exigeoit , avouant qu'il n'y comprenoit rien lui-même.

La derniere Fête de Pâque, le Supérieur nous dit : *Je veux donner un mémorial au Cardinal-Vicaire , pour qu'il transfere les Quarante-*

Heures en une autre Eglise, parce que le Peuple vient en foule tous les jours ; les Princes, les Prélats & les Cardinaux, qui n'en peuvent approcher pendant le jour, viennent jufqu'à deux ou trois heures après minuit ; ce qui fit que, par ordre du Cardinal - Vicaire, les Quarante - Heures furent transférées à une Eglise voisine. Le Vendredi fuivant, jour auquel devoient fe faire les Quarante - Heures, ledit Confeffeur, lorfqu'il fut à ces paroles du troifieme Pfeaume *juxta eloquium tuum da mihi intellectum,* il attefte publiquement qu'il s'eft dit à lui - même : voilà l'application de la prédiction. On a ôté le Saint - Sacrement de l'Eglife depuis quatre jours, on a transféré les Quarante - Heures pour donner un libre cours à la dévotion du Peuple, & pour éviter les grandes irrévérences qui auroient pu fe commettre devant le Saint - Sacrement ; c'eft la parole de Jefus-Chrift : *je te laiffe à ma place ;* la chofe me paroît claire : c'eft le fentiment de toute la Ville ; je le tiens du Confeffeur lui-même qui n'a aucun intérêt de nous tromper ; en outre il y a des témoins par les précautions qu'il a prifes.

En vertu de la commiffion qui nous a été donnée de la part de Monfeigneur l'Evêque de Boulogne, à l'effet de procéder à la connoiffance des circonftances de la jeuneffe de feu BENOîT-JOSEPH LABRE, nous avons

entendu avec celle des parents, les dépofitions de fix autres témoins dignes de foi. Mais
comme elles ont un très - grand rapport, &
qu'elles ne font, pour ainfi dire, que confirmer
celles des pere & mere, je n'ai pas cru né-
ceffaire de les mettre ici. Si cependant M. le
Supérieur defiroit un plus grand détail à ce
fujet, qu'il foit perfuadé que je ne defire que
l'occafion de l'obliger, & de lui prouver que
j'ai l'honneur d'être avec le refpect le plus profond,

Son très-humble & très-obéiffant
ferviteur, B O U R G E O I S,
Vicaire d'Amette.

---

*Copie d'une Lettre adreffée au Frere Directeur
de la Maifon de Saint - Yon à Rouen, datée
de Rome le 30 Avril 1783.*

Mon très-cher Frere,

Je n'ai que le temps de vous renouveller
mon fincere attachement, & de vous faire
part de la copie de l'Eloge du Serviteur de
Dieu, Benoît-Joseph Labre, fils de Jean-
Baptifte Labre & d'Anne-Barbe Granfir, de la
Paroiffe d'Amette, diocefe de Boulogne-fur-
mer, en France, par ordre du Cardinal-

B iij

Vicaire , publié pour l'édification des Fideles
L'original de ladite copie écrit fur parchemin ,
a été mis dans la caiſſe même des ſceaux du
Cardinal - Vicaire. Quoique je l'aie traduit,
je n'ai pas eu le temps de vous l'écrire ; il vous
eſt facile de le faire, c'eſt un très beau latin. On
ne parle plus à Rome que des merveilles que
Dieu opere par le moyen de ce ſaint garçon :
le concours eſt on ne peut plus grand à ſon
tombeau : les Princes & les Princeſſes y ac-
courent, comme le reſte du Peuple, avec une
grande dévotion. Il s'y opere d'inſignes miracles : la Sacriſtie eſt déjà remplie des dépôts
d'infirmes qui ſont retournés chez eux parfaitement guéris. Depuis Saint - Philippe de
Nery , Rome ne ſe rappelle pas tant de merveilles. Je me contenterai de vous en rap-
porter une ſeule pour vous faire croire toutes
les autres.

Une femme clouée dans ſon lit , d'une pa-
ralyſie univerſelle depuis quatorze mois, s'étant
fait porter par ſix faquins ſur le tombeau du
Serviteur de Dieu, & après y avoir fait ſa
priere , ſe releva guérie & s'en alla chez elle,
comme ſi elle n'eut jamais ſouffert la moindre douleur. Le Médecin & le Chirurgien
qui la ſoignoient , ont dépoſé juridiquement
qu'elle étoit auparavant réduite dans ce pi-
toyable état. Le Confeſſeur du miraculeux
défunt a auſſi dépoſé que Dieu lui avoit révélé

tout ce qui est arrivé de point en point ; ce qui lui avoit causé une grande peine, croyant que c'étoit une illusion du Démon.

Tout ce qu'on peut dire touchant la flexibilité & incorruptibilité de son corps, est vrai : je l'ai vu tel le matin du jour de Pâque : j'ai mis mon nez devant sa bouche, j'ai senti un je ne sais quoi d'agréable. J'ai cru vous faire plaisir, mon très-cher Frere, en vous faisant part de si grandes merveilles qui ne servent pas peu à ranimer notre sainte Foi.

A Rome, le 30 Avril 1783.

Signé, Fr. Louis Auguste.

Copie de la Lettre écrite de Rome par un Médecin à sa Sœur, Religieuse Carmélite à Cavaillon, datée du premier Mai 1783.

JE ne vous ai pas écrit depuis long temps, ma chere sœur, parce que j'ai de temps à autre de vos nouvelles, & que je sais que vous vous portez bien. Quoique vous n'aimiez pas à vous entretenir de ce qui se passe dans le monde, je veux cependant vous faire part d'un événement très-frappant & qui fait grand bruit à Rome & dans les environs.

Un pauvre François nommé Benoît-Joseph Labre, natif de la Paroisse d'Amette, Diocese de Boulogne en France, âgé de trente-cinq ans, qui étoit depuis dix ans dans cette ville, vivant de quelques aumônes qu'on lui offroit, couvert de haillons, menant la vie la plus cachée & la plus mortifiée, mourut le 16 Avril dernier dans la maison d'une personne charitable qui lui faisoit du bien & qui le logeoit. Le lendemain plusieurs habitants vertueux se cottiserent pour le faire enterrer avec pompe; mais on fut bien surpris quand on toucha le cadavre, de le trouver souple & flexible comme s'il n'eut été qu'endormi. Ce signe qui ne peut être naturel, excita d'abord la surprise, ensuite la curiosité de toute la ville : on s'empressa de venir en foule pour être témoin du phénomene & le toucher. Ceux qui le connoissoient pour l'avoir vu continuellement à l'Eglise depuis le matin jusqu'au soir; les pauvres avec lesquels il avoit partagé si souvent les aumônes qu'on lui avoit offertes; quelques paroles heureusement échappées à son Confesseur qui est ici en grande réputation de Sainteté ; tout cela excita la ferveur du Peuple qui commença à l'invoquer comme Bienheureux. Les effets miraculeux de son intercession ont été si rapides & si multipliés, que, pour satisfaire le zele du Peuple qu'une forte garde ne pouvoit plus contenir, on laissa le corps exposé pendant l'espace de quatre-vingt-seize heures à la vue de tout le monde. Pendant ce temps il a conſervé la même flexibilité, montrant la fraîcheur d'un homme vivant, répandant une odeur très-agréable. Depuis les plus petits juſqu'aux plus grands, tous ont voulu ſe convaincre par leurs propres yeux des miracles qui s'opéroient à chaque inſtant ſur ceux qui l'invoquoient. Après quatre jours écoulés, comme le Peuple ſe raſſembloit dans l'Egliſe où il étoit expoſé en trop grand nombre, pour y maintenir l'ordre, & que jour & nuit on n'y entendoit que des cris de joie, des actions de graces qui annonçoient une affluence trop conſidérable; pour éviter d'autres inconvéniens, le Saint-Pere ordonna que le corps fût inhumé avec toutes les cérémonies & formalités requiſes en pareil cas; ce qui fut exécuté le 20 du même mois : on le plaça dans un caveau conſtruit exprès à la place où il avoit coutume de faire ſes prieres.

Depuis ſon inhumation, de Rome & de ſes alentours c'eſt un concours extraordinaire qui ne ſe ralentit point; on ne ceſſe de viſiter le tombeau du Bienheureux qui ne ceſſe d'opérer des miracles en faveur de ceux qui l'invoquent avec foi. Les muets parlent, les aveugles voient, les paralytiques & les perclus marchent librement & reviennent chez eux ſans ſecours : les femmes hydropiques ſont guéries ſur-le-champ. Dimanche dernier, une pauvre femme hydropique fut mife, en préfence de tout le monde, fur la pierre même qui couvre le tombeau, on vit auffi-tôt fortir de fes pieds une eau fort puante & en très-grande quantité ; un inftant après, elle fe trouva parfaitement guérie. Les jambes caffées, les ulceres invétérés, tout eft remis & difparoît à l'inftant ; enfin tous les eftropiés fe font porter fur le tombeau & fe retirent pleins de force, auffi agiles que s'ils n'euffent jamais été incommodés. Voilà le fpectacle qui fe répete tous les jours, & dont toute la ville de Rome eft témoin. Je ne faurois vous exprimer combien il excite d'admiration & de furprife : les incrédules comme les autres en font attendris jufqu'aux larmes. J'en ai entendu plufieurs faire cet aveu : *Je ne pouvois me perfuader tout ce qu'on dit fur les miracles ; j'ai été curieux, j'ai voulu voir de mes propres yeux, je me rends aujourd'hui.* Quel triomphe, ma chere fœur, pour la Religion !

Perfonne ici n'a jamais rien vu de pareil. On en voit qui, fans penfer à manger, du matin au foir ne quittent point la place dont ils viennent de s'emparer dès que la porte de l'Eglife eft ouverte, pour être témoins des miracles qui s'operent à chaque inftant. Avant-hier les inconvéniens de la multitude qu'on ne peut contenir, ont déterminé les Supérieurs à faire fermer la porte de l'Eglife. On n'en permet l'entrée qu'aux malades que le defir d'être guéris attirent au tombeau, & aux perfonnes diftinguées par leur rang : il y a une forte garde pour retenir le Peuple, car on craint un foulévement.

Vous defirez peut-être, ma chere fœur, favoir le genre de vie qu'a mené ce bienheureux pauvre, aujourd'hui fi riche & fi puiffant. En attendant un plus grand détail, il avoit, comme vous, tenté de vivre dans la retraite ; c'eft dans ce deffein qu'il fe préfenta à l'Abbaye de Septfonts en 1769 ; mais la foibleffe de fa fanté ne lui ayant pas permis de refter, il en fortit au bout de huit mois, & s'embarqua pour aller vifiter les Lieux-Saints : arrivé à Rome, après avoir fatisfait fa dévotion fur les tombeaux des Saints Apôtres, il s'y fixa & vécut dans la plus grande obfcurité. Ce n'eft qu'après fa mort que Dieu a manifefté fon éminente piété de la maniere la plus éclatante. Quelle nouvelle, ma chere fœur, pour le pere fortuné, s'il vit encore, qui a donné le jour à un tel fils ! Il y a de quoi mourir de joie.

On va travailler à fa Béatification : on commence déjà à s'en occuper. Depuis fa mort jufqu'à ce jour, on compte foixante-trois miracles du premier ordre ; entr'autres, une fille de vingt-deux ans née muette, qui a reçu tout-à-coup l'ufage de la parole : on lui apprend la Langue , & elle prononce parfaitement tout ce qu'on lui fait articuler.

Son Confesseur a déposé qu'ayant un jour projeté en lui-même de lui donner quelque argent, le vénérable pauvre alla le trouver, & lui dit : *Vous ferez mieux , mon Pere, de donner à d'autres l'argent que vous me destinez.* 2°. Ayant acheté à son insu de la toile pour lui faire quelques chemises, le vertueux Pénitent va le trouver, & lui dit : *Souffrez , mon Pere, que je n'accepte pas les chemises que vous voulez me donner , je vous prie de les réserver pour une personne* qu'il lui indiqua. Le Confesseur dépose encore, qu'ayant oublié de lui donner un livre de piété qu'il avoit destiné pour lui, sans le prévenir, il vint lui dire : *Mon Pere, faites-moi la charité de me donner le livre que vous m'avez destiné.* Vous ne tarderez pas d'apprendre, ma chere sœur, de nouveaux traits qui vous rempliront de joie & d'admiration.

J'ai l'honneur d'être , &c.

De Rome , le premier Mai 1783.

Relation du miracle opéré par l'intercession du Serviteur de Dieu, BENOÎT - JOSEPH LABRE, sur une Religieuse du Couvent de Bolene (*), Diocèse de Saint Paul-Trois-Châteaux, envoyée par M. EYMARD, Archidiacre, datée du 4 Juillet 1783.

UNE Religieuse Professe du S.-Sacrement à Bolene, peu de jours après sa profession, tomba dans un état d'infirmité le plus extraordinaire. Pendant trois ans & demie que ses infirmités l'avoient clouée sur son lit, son état habituel l'assujettissoit à de violentes coliques, des douleurs, des convulsions fréquentes, des foiblesses où elle restoit comme morte, des vomissements & crachements de sang, un rebut absolu pour toutes sortes d'aliments : à tous ces maux accumulés & persévérants, fut ajouté un grand mal de côté qui fit tout craindre pour elle ; mais Dieu la réservoit pour faire

------

(*) Bolene petite ville de Provence dans le Comté Venaissin ; elle est située sur la riviere de Letz, à une lieue & demie de Saint-Paul-Trois-Châteaux, vers le midi : la ville de Bolene appartient au Pape.

éclater sa bonté & la puissance dans un temps où les miracles paroissent si nécessaires. Depuis ce paroxisme, cette bonne Religieuse a été dans l'état le plus digne de pitié; elle souffroit souvent des douleurs si aiguës, qu'elle disoit lui sembler avoir du plomb fondu dans les entrailles, depuis environ un mois & demi son triste état avoit encore empiré; elle rendoit ses excréments par la bouche, ordinairement de deux jours l'un; ils étoient si fort durcis, & ils sortoient avec de si violents efforts, qu'elle en étoit comme étouffée, pouvant à peine les arracher avec les doigts. Le Médecin Bolene, qui la voyoit habituellement, a dit n'avoir jamais vu un genre de maladie semblable, & que, s'il étoit permis d'abréger les jours de quelqu'un pour abréger ses maux, il faudroit le faire à cette fille, tant elle souffroit.

Les Religieuses qui ont exercé envers elle tout ce que la charité peut inspirer, firent une Neuvaine pour demander sa guérison par l'intercession du vénérable LABRE, & suggérerent à la malade de se recommander à lui; elle leur répondit qu'elle ne demandoit pas d'être guérie, mais de souffrir patiemment, tant que Dieu le voudroit; elle persévéra dans ces sentiments jusqu'à l'avant - veille de sa guérison, où elle conçut un grand desir de recevoir sa santé pour pouvoir suivre les exercices de fa Regle, & fur-tout pour être une vraie adoratrice du Saint-Sacrement.

Le 29 Juin, dernier jour de la Neuvaine, ce pieux defir redoubla en elle, témoignant un grand empreffement d'avoir l'image du vénérable LABRE, qu'on lui avoit dit être dans la Ville; elle la demanda à plufieurs reprifes avec une fainte impatience : on la lui procura. Auffi-tôt fa confiance fut plus vive que jamais; elle fe mit en priere, invoqua ce *Vénérable*, & fit prier la Supérieure de faire offrir pour elle les Vêpres qu'on alloit dire au Chœur. Voici le prodige.

Pendant les Vêpres, cette Religieufe, percluse de tous fes membres, pouvant à peine lever la tête du chevet, & n'y voyant plus à caufe de fon extrême foibleffe & fur le point d'expirer, (comme il a été attefté par le Médecin & les Religieufes), fe fent tout-à-coup guérie : *je fuis guérie*, dit-elle, à l'Infirmiere, qui s'attendoit à recevoir fon dernier foupir : *allez chercher mes habits, afin que je me leve :* mais y voyez-vous, lui demanda l'Infirmiere ? *très-bien*, lui répondit la malade, & votre eftomac vous fait-il toujours du mal ? *Voyez-le, il eft revenu dans fon état naturel.* L'Infirmiere ravie, cour chercher fes habits; de retour, elle la trouve affife fur fon lit, s'appuyant fur fes pieds, elle chancelle; courage, ma chere fœur, dit l'Infirmiere, redoublez

votre confiance : elle se met à genoux, *en s'é-*
criant : *mon Dieu, perfectionnez votre ouvrage !*
Dès cet instant la malade sort de l'Infirmerie
pour aller rendre graces au Seigneur. Arrivée
à l'escalier, elle ne descend pas, elle vole.
L'Infirmiere étonnée pousse un grand cri ;
toute la Communauté croyant la malade ex-
pirée, quelques Religieuses & des Pension-
naires sortant promptement du Chœur pour
savoir ce qui se passoit, rencontrent la malade guérie. Dans ce moment on commençoit les Complies ; pour ne pas interrompre
l'Office, elle va au Chœur d'en haut se prosterner
devant le Saint-Sacrement : les Complies finies,
elle descend au Chœur d'en bas, se prosterne
de nouveau devant le Saint-Sacrement, puis
devant sa Supérieure. Toute la Communauté
ravie chante le *Te Deum.* Je vous laisse à
penser ce qui se passa ensuite parmi ces saintes
Filles dans une si merveilleuse circonstance :
après toutes les démonstrations de joie, on
lui offre un bouillon ; non, dit-elle, *je man-*
gerois plutôt, car je me sens appétit ; elle goûte,
assiste au Chapelet avec la Communauté, &
vient à l'heure du souper se mettre à table,
mange de bon appétit, & après avoir pris
sa réfection plutôt que les autres, elle demande de relever celle qui faisoit la lecture ;
elle l'a fait avec une voix ferme, tandis qu'au-

paravant

paravant elle l'avoit éteinte. D'après cette époque, elle a toujours fuivi les exercices de la Communauté, & n'a éprouvé aucune convalefcence.

Rien n'eft plus faux que le bruit qui court de la rechûte de notre Religieufe; depuis l'inftant de fa guérifon miraculeufe, elle a joui fans interruption, & jouit encore de la plus parfaite fanté; fa voix, fa vue, fes chairs, fon pouls, fes forces, tout lui a été rendu à la fois; elle n'a ceffé & ne ceffe point de fuivre en tout l'ordre de la Communauté, fe trouvant la premiere aux exercices du jour & de la nuit comme fi elle n'avoit jamais éprouvé la moindre infirmité.

Le Médecin de Bolene, perfuadé de ce miracle, doit en faire au plutôt le rapport à Monfeigneur l'Evêque, qui attend cette piece pour en envoyer la procédure au Saint-Siege.

Signé, EYMARD, *Archidiacre du Dio-cefe de Saint-Paul-Trois-Châteaux.*

Extrait d'une Lettre écrite de Rome le 24 Avril de la même année, à M. Rotrou, Banquier expéditionnaire à Paris.

IL eft mort ici le 16 de ce mois en odeur de Sainteté, un Particulier nommé BE-NOÎT-JOSEPH LABRE, du Diocefe de

Boulogne-sur-mer; il étoit venu à Rome en 1770, & y a toujours mené une vie fort retirée & très-édifiante à tous égards; il a été enterré Dimanche dernier dans l'Eglise de Notre-Dame-des-Monts, dans un endroit séparé, après avoir été quatre jours de suite exposé à la vue du Public sans être gâté. Comme on assure qu'il a fait des miracles & qu'il continue même d'en faire aujourd'hui par des guérisons subites, qui ont été & qui sont à la vue & à la portée de tout le monde, cela a occasionné un concours si considérable, qu'il a fallu mettre des gardes aux portes de l'Eglise & autour de son corps, sans quoi le Peuple l'auroit enlevé de vive force. Son Confesseur rend de très-grands témoignages sur son compte; les papiers qu'on lui a trouvés, parmi lesquels il y a plusieurs certificats d'Evêques de France, prouvent qu'il étoit d'une très-honnête naissance, qu'il avoit toujours pratiqué la vertu & qu'il tendoit à la perfection; il étoit âgé d'environ trente-cinq ans, vêtu en habit de pauvre Pélerin & observant les austérités les plus séveres, sans en rien faire connoître à personne.

Extrait du Courier d'Avignon, du Vendredi 8 Août 1783. De Rome, le 23 Juillet.

SON Eminence le Cardinal *des Lances*, empreſſé de concourir à la Béatification & à la Canoniſation du Serviteur de Dieu, *Benoît-Joſeph Labre*, a envoyé ſucceſſivement diverſes ſommes pour hâter cette cauſe. Son Eminence a même réſolu de deſtiner au même objet le revenu libre de ſon titre de Saint-Laurent *in lucinâ*, qu'il a opté dans le Conſiſtoire du 18, comme premier Cardinal Prêtre du Sacré College.

Copie d'une Lettre écrite par BENOÎT-JOSEPH LABRE *le 2 Octobre 1769, à ſes pere & mere.*

Mon très-cher pere & ma très-chere mere,

JE vous apprends que les Chartreux ne m'ayant pas jugé propre à leur état, j'en ſuis ſorti le ſecond jour d'Octobre; je regarde cela comme un ordre de la divine Providence qui m'appelle à un état plus parfait; ils ont dit eux-mêmes que c'étoit la main de Dieu qui me retiroit de chez eux. Je m'achemine donc vers la Trappe , celui que je defire tant & depuis fi long temps. Je vous demande pardon de toutes les défobéiffances & de toutes les peines que je vous ai caufées. Je vous prie bien l'un & l'autre de me donner votre bénédiction, afin que le Seigneur m'accompagne. Je prierai le bon Dieu pour vous tous les jours de ma vie ; fur-tout ne foyez point inquiets à mon égard. Quand j'aurois voulu y refter, on ne m'auroit pas reçu ; c'eft pour quoi je me réjouis beaucoup de ce que le Tout-Puiffant me conduit. Ayez foin furtout de l'inftruction de mes freres & fœurs , & fur-tout de mon filleul; moyennant la grace de Dieu , je ne vous coûterai plus jamais rien, & je ne vous ferai plus aucune peine : je me recommande à vos prieres : je me porte bien & je n'ai point donné d'argent aux domeftiques. Je ne fuis forti qu'après avoir fréquenté les Sacremments. Servons toujours bien le bon Dieu & il ne nous abandonnera pas ; ayez foin de votre falut, lifez & pratiquez ce qu'enfeigne le Pere Aveugle : c'eft un livre qui enfeigne le chemin du Ciel, & fans faire ce qu'il dit , il n'y a point de falut à efpérer ; méditez les peines effroyables de l'enfer qu'on endure une éternité toute entiere pour un feul péché mortel qu'on commet fi aifément. Efforcez-vous d'être du petit nombre des Elus. Je vous remercie de toutes les bontés que vous avez eues pour moi & des services que vous m'avez rendus, le bon Dieu vous en récompenfera. Procurez à mes freres & fœurs la même éducation que vous m'avez donnée ; c'eft le moyen de les rendre heureux dans le Ciel. Sans inftruction, on ne peut pas fe fauver. Je vous affure que vous êtes déchargés de moi ; je vous ai beaucoup coûté, mais foyez affuré que, moyennant la grace de Dieu, je profiterai de tout ce que vous avez fait pour moi. Ne vous affligez pas de ce que je fuis forti des Chartreux, il ne vous eft pas permis de réfifter à la volonté de Dieu qui en a ainfi difpofé pour mon plus grand bien & pour mon falut. Je vous prie de faire mes compliments à mes freres & fœurs ; accordez-moi vos bénédictions ; je ne vous ferai plus aucune peine, le bon Dieu que j'ai reçu avant de fortir, m'affiftera & me conduira dans l'entreprife qu'il m'a lui-même infpirée : j'aurai toujours fa crainte devant les yeux & fon amour dans le cœur. J'efpere fort d'être reçu à la Trappe ; en tout cas, on m'a affuré que l'Ordre de Septfonts n'étant pas fi rude, on y reçoit plus jeune ; mais je ferai reçu à la Trappe. J'ai l'honneur d'être, avec un profond refpect,

Votre très - humble ferviteur,
BENOÎT-JOSEPH LABRE.

A Montreuil, ce 2 Octobre 1769.

C iij

Copie du Procès-verbal des informations sur la conduite qu'a tenue dans sa jeunesse BENOÎT-JOSEPH LABRE, de la Paroisse d'Amette, Diocese de Boulogne-sur-mer, mort à Rome en odeur de Sainteté le 16 Avril 1783.

EN vertu de la commission qui nous a été donnée de la part de Monseigneur l'Illustrissime & Révérendissime Evêque de Boulogne en France, en date du 16 de Mai 1783, à l'effet de procéder à la connoissance des circonstances de la jeunesse de feu BENOÎT-JOSEPH LABRE, né en cette Paroisse de Saint-Sulpice d'Amette dudit Diocese, le 26 de Mars 1748, fils de Jean-Baptiste Labre & d'Anne-Barbe Grandsir, vivant honnêtement de leur bien, & ayant eu quinze enfants dont neuf sont encore vivants, & dont ledit BENOÎT-JOSEPH LABRE étoit l'aîné, mort à Rome en odeur de Sainteté le 16 Avril de l'an 1783.

Nous soussignés, Curé & Vicaire de ladite Paroisse, nous y avons procédé comme il suit :

Le cinq Juin de cette présente année 1783, sont comparus pardevant nous ledit sieur Jean-Baptiste Labre & Anne-Barbe Grandsir de cette Paroisse, qui, par nous interrogés sur les circonstances de la jeuneſſe de leurdit fils BENOÎT JOSEPH, ſavoir dès ſon enfance juſqu'à l'âge d'environ douze ans, auquel âge il alla demeurer avec ſon oncle paternel, Curé d'Erain, & ſur environ l'eſpace de quatre ans qu'il a paſſés chez ſeſdits pere & mere, après la mort de ſondit oncle, ont répondu, en préſence des ſieurs Hugues-Maximilien Pohiers & Antoine Lefevre, principaux Habitants de cette Paroiſſe, que nous certifions être gens de probité, de conſcience & dignes de foi; auſſi-bien que ledit ſieur Jean-Baptiſte Labre & ſon épouſe, Anne-Barbe Grandſir, que leurdit fils, BENOÎT-JOSEPH, prévenu, ce ſemble, dès ſon enfance par la grace de Dieu, faiſoit dès-lors des actes de piété & de dévotion proportionnés à ſon âge, comme de ſe retirer ſouvent en ſa chambre, où il s'étoit fait un petit oratoire pour y chanter ce qu'il avoit entendu chanter à l'Egliſe, & s'y exerçoit à ſervir la Meſſe, & qu'il eut toujours pour ce dernier exercice un très-grand zele; qu'à meſure que leurdit fils crût en âge, il crût auſſi en ſageſſe devant Dieu & devant les hommes, leur ayant donné conſtamment & auſſi long-temps qu'il fut ſous leur conduite, la preuve de la piété la plus ſincere, en aſſiſtant à tous les Offices avec une attention vraiment édifiante de ſageſſe & de prudence, ne proférant & faiſant jamais rien de méféant ni d'indécent ; d'obéiffance , faifant toujours promptement & gaiement tout ce qu'on lui commandoit ; de tranquillité, fe conduifant fi bien avec fes pere & mere, fes freres & fes fœurs , qu'il n'occafionnoit jamais aucun trouble parmi eux ; d'une patience merveilleufe à fouffrir & à fupporter les défauts & les imperfections de fes pere & mere, de fes freres & fœurs & de ceux de fon âge, montrant toujours un air gai & tranquille, quelque chofe que l'on lui dît & qu'on lui fît, jufqu'à décontenancer ceux qui lui difoient ou lui faifoient du mal; & enfin d'une grande ardeur à apprendre à lire & écrire & les premiers éléments de la Religion ; que leurdit fils Benoît-Joseph alloit aux divertiffements qui fe font dans les Paroiffes de campagne après les Offices les Dimanches & Fêtes, mais fans goût & fans attachement; que fouvent il fe retiroit pour aller caufer avec des perfonnes plus âgées & plus férieufes; que quand il fut lire, il ne s'y trouva plus guere, & qu'au lieu de prendre ces plaifirs innocents, il fe retiroit à l'écart pour lire des livres de piété, ce qui leur rendoit cet enfant des plus aimables & des plus chers, comme il l'étoit à tous ceux qui le connoiffoient; qu'âgé de douze ans environ, il alla demeurer avec fon oncle paternel, Curé d'Erain, pour y apprendre les premiers principes du latin, où il demeura environ six ans & demi; que pendant son séjour à Erain, il ne contentoit pas son oncle par son application au latin, tant il s'occupoit des actes de piété & de dévotion qu'il faisoit, de la lecture des livres pieux, des moyens & du projet qu'il conçut dès-lors d'aller à la Trappe.

Ledit sieur Jean - Baptiste Labre dépose avoir entendu dire plusieurs fois à M. Labre son frere, Curé dudit Erain, que son neveu, BENOÎT-JOSEPH, auroit plutôt foulé aux pieds tous les fruits de son jardin que de toucher à ceux même qui étoient les plus capables de tenter, tant il avoit horreur des petits larcins qui sont ordinaires aux jeunes gens de son âge.

Ledit sieur Jean-Baptiste Labre & Anne-Barbe Grandsir son épouse déposent encore que leurdit fils BENOÎT - JOSEPH étant âgé d'environ seize ans, vint leur demander la permission d'aller à la Trappe, tant il avoit dès-lors d'attrait pour les pratiques de la pénitence , de détachement de toutes les choses de la terre; même du revenu honnête qu'il pouvoit espérer d'avoir après ses pere & mere, dont il étoit fils aîné; qu'ils se sont fortement opposés à ce pieux dessein de leurdit fils ,& qu'il l'exécuta par la suite malgré l'op-position que ses pere & mere, que plusieurs de ses parents & amis lui firent long-temps, étant allé deux fois à ladite Abbaye de la Trappe, & ayant été refusé pour n'avoir pas l'âge requis.

Qu'après cela, âgé d'environ vingt ans, il alla poſtuler aux Chartreux de Longue-Neſſe, près de Saint-Omer, & enſuite aux Chartreux de Montreuil; que leſdits Chartreux exige-rent que ledit Benoît-Joseph Labre apprît, pour entrer chez eux, la dialectique & le chant; que pour cet effet, il alla demeurer trois mois environ chez M. Dufour, Vicaire de Ligny-les-Aire, & à préſent d'Auchy-aux-Bois; qu'après avoir étudié ce que deſſus, il alla encore ſe préſenter deux fois auxdits Chartreux, où il reſta trois mois à deux dif-férentes fois, & d'où il ſortit aſpirant à une vie plus auſtere & plus pénitente.

Qu'après ſa ſortie, il eſt venu demeurer ici deux ans avec ſes pere & mere, excepté que pendant ces deux ans, il demeura trois mois chez M. Vincent ſon oncle, pour lors Vicaire de Conteville, & à préſent Curé de l'Epeſſe, perſévérant toujours & conſ-tamment par-tout dans la pratique de toutes les vertus chrétiennes & ſur-tout de la péni-tence, puiſque ſa mere, dépoſante, nous a déclaré que ſondit fils Benoît - Joseph, long temps avant vingt & un ans, obſervoit le plus rigoureuſement & le plus ſcrupuleuſe-ment tous les jeûnes commandés par l'Egliſe,

& qu'elle l'a furpris plufieurs fois, âgé d'environ vingt ans, couché fur des planches, au lieu d'être dans fon lit; & que lui ayant demandé pourquoi il faifoit cela, il lui répondit *que Dieu l'appellant à une vie auftere & pénitente, il commençoit à fe difpofer à entrer dans les vues de Dieu.*

Ladite dépofante nous a déclaré encore que fondit fils BENOÎT-JOSEPH, vers le temps ci-deffus, la tourmentoit beaucoup pour avoir la permiffion d'aller pratiquer les auftérités qu'il méditoit depuis long temps; elle refufa de confentir à fon départ, parce que fondit fils fortant de la maifon paternelle, ne trouveroit pas les moyens de fubfifter; à quoi BENOÎT - JOSEPH répondit : *laiffez-moi aller, ma mere ; je vivrai de racines comme les Anachorettes ; avec la grace de Dieu, nous pourrons encore vivre comme eux.*

Enfin ledit fieur Jean-Baptifte & Anne-Barbe Grandfir dépofent que leurdit fils BENOÎT-JOSEPH, après fa fortie des Chartreux, leur écrivit pour les en informer, & leur dire qu'il alloit où Dieu l'appelloit; & qu'il alla à leur infu à l'Abbaye de Septfonts, où ayant été reçu pour faire le noviciat, il demeura plus de huit mois; qu'après être forti de cette Abbaye, il leur écrivit pour leur faire fes adieux pour toujours, & qu'après cette époque, ils n'ont plus eu de lui aucune

nouvelle ; & que par conféquent il eft très-
faux qu'il ait reçu tous les mois de fa famille
fept écus romains, c'eft-à-dire trente-fix livres
de France, ce qui eft évidemment une impofture que le Démon, pere du menfonge, a
infpirée à quelques-uns de fes fuppôts, pour
ternir les vertus fublimes du refpectable défunt, qui, depuis fa fortie de Septfonts jufqu'à fa mort, n'a pas reçu ni même pu recevoir un liard de fa famille.

Lefquelles dépofitions, nous, Commiffaires
fouffignés, certifions être véritables ; en foi de
quoi nous avons figné avec lefdits témoins, qui
atteftent avec nous la vérité de ce que ci-deffus, & avec lefdits fieurs Jean-Baptifte Labre
& Anne-Barbe Grandfir, qui nous ont déclaré
être difpofés à affirmer, même par ferment, la
vérité de leurdite dépofition. A Amette, ce
jour, mois & an que deffus. Ainfi *figné*, Hugues
Gohiers, Anne-Barbe Grandfir, Jean Baptifte
Labre, Antoine le Fevre, Bourgeois, *Vicaire d'Amette*, Playoult, *Curé d'Amette*.

Le 28 Mai de cette préfente année 1783,
nous, Commiffaires fouffignés, certifions avoir
reçu de Meffire d'Anofet de Canchi, très-digne
Prêtre & Curé de Boyaval, Diocefe de Boulogne, une lettre datée dudit Boyaval le 15 de
Mai de ladite année, en réponfe à celle que nous
lui avons écrite, pour avoir connoiffance des
circonftances de la jeuneffe dudit BENOîT-

Joseph Labre, où il nous attefte que ledit
Benoît-Joseph Labre ayant été fon écolier
depuis environ l'âge de cinq ans jufqu'à environ fept ans & demi, il l'a toujours connu
d'une docilité admirable, d'une humeur bonne
& égale, d'une exactitude exemplaire à s'ac-
quitter de fes devoirs correfpondants à fon âge,
& doué de toutes les bonnes qualités qui l'ont
rendu fi aimable & fi recommandable à fon
fouvenir, qu'il n'a jamais, depuis environ
vingt-huit ans qu'il l'a quitté, laiffé aucune
occafion de s'en informer, tant il avoit conçu
dudit Benoît-Joseph Labre de bonnes ef-
pérances. Ce que nous, Commiffaires fouffignés, certifions être véritable & conforme
à la lettre que nous a écrite à ce fujet Meffire
d'Hanofet de Canchi, Prêtre & Curé dudit
Boyaval, & dont nous envoyons l'original à
Monfeigneur l'Evêque de Boulogne. Ainfi
figné Bourgeois, *Prêtre, Vicaire d'Amette,*
Playouit, *Curé d'Amette.*

Le même jour, mois & an que deffus, eft
comparu pardevant nous, Commiffaires fouffignés, François-Jofeph Forgeois, domeftique
dudit Monfieur Hanofet, Prêtre & Curé audit
Boyaval, lequel nous certifions être homme
de probité, de confcience & très-digne de foi;
il a dépofé qu'ayant appris à lire à Benoît-
Joseph Labre pendant deux ans & demi environ qu'il étoit Maître d'Ecole fous ledit

M. d'Hanofet, pour lors Vicaire d'Amette, il a remarqué dans cet enfant qu'il fe diftinguoit de tous ceux de fon âge par fa modeftie, fa piété, fa docilité, fa douceur & fon ardeur à apprendre à lire & les premiers éléments de la Religion, lefquelles dépofitions, nous fouffignés Commiffaires, certifions être véritables. En foi de quoi nous avons figné avec ledit dépofant, le jour, mois & an que deffus Ainfi *figné*, Bourgeois, *Vicaire d'Amette*, Playoult, *Curé d'Amette*.

Le 16 Mai de la préfente année, eft comparu pardevant nous, Commiffaires fouffignés, Paul Virocen, domeftique de feu M. Labre, Prêtre & Curé d'Erain, pendant les fix ans & demi qu'y a demeuré BENOÎT-JOSEPH LABRE, & à préfent domeftique chez les demoifelles le Maire à Hannes, lequel interrogé fur les circonftances de la jeuneffe dudit BENOÎT-JOSEPH LABRE, a dépofé que ce jeune homme étoit fort retiré dès l'âge de dix ans, qu'il étoit prefque toujours dans un cabinet, éloigné de la maifon de fon oncle, où, quoique fon oncle le grondât fouvent de ce qu'il ne s'occupoit pas plus du latin ; il étoit prefque toujours occupé à lire des livres de piété qu'il choififfoit dans la bibliotheque de fon oncle où il paroît avoir puifé le pieux deffein de mener une vie auftere, pénitente & retirée du monde ; que dès-lors il commençoit à pratiquer rigoureufement & fcrupuleufement tous les jeûnes commandés par l'Eglife; qu'il fréquentoit les Sacrements tous les mois , & qu'il fuivoit très-exactement l'exemple de fon repectable oncle , en vifitant, comme lui , très-fouvent les pauvres & en les affiftant par tous les moyens poffibles , jufques-là même que , dans une maladie contagieufe qu'il a eue audit Erain , ledit BE-NOÎT-JOSEPH LABRE alla lui-même chercher dans les jardins potagers & même dans les champs de quoi nourrir les beftiaux des pauvres gens malades. Lefquelles dépofitions , nous , Commiffaires fouffignés , certifions être véritables- En foi de quoi nous avons figné avec ledit dépofant le jour , mois & an que deffus. Ainfi *figné*, Paul Viroux, Bourgeois, *Vicaire d'Amette* Playoult, *Curé d'Amette.*

Le 28 Mai de cette préfente année 1783, nous, Commiffaires fouffignés, certifions avoir reçu une lettre de M. Vincent, très - digne Prêtre & Curé d'Epeffe, datée du même jour, mois & an que deffus, en réponfe à celle que nous lui avions écrite pour avoir connoiffance des circonftances de la jeuneffe de BE-NOÎT-JOSEPH LABRE, par laquelle il nous attefte que ledit BENOÎT-JOSEPH LABRE, dès fa plus tendre jeuneffe s'eft rendu aimable par fa grande douceur dont il a donné des marques dans beaucoup d'occafions à Conteville où le dépofant étoit alors Vicaire , & où ledit BE-

NOÎT -`JOSEPH étoit allé demeurer pour continuer d'apprendre le latin , sur-tout parmi quelques étudiants que le dépofant enfeignoit, entre lefquels il y en avoit un très-mutin, qui, connoiffant ledit BENOÎT-JOSEPH pacifique, prenoit plaifir à le traverfer ; que ce dernier fut patient au point de ne lui réfifter jamais ni de paroles, ni d'actions , & de fe laiffer incommoder notablement du froid pendant l'hiver, plutôt que de faire tête à cet étudiant mutin, ou de porter à fon oncle des plaintes contre lui ; que ledit dépofant prenoit plaifir de voir obferver à fondit neveu les cérémonies de la fainte Meffe, comme il les avoit vû faire à l'Eglife, & que c'étoit fon amufement ordinaire à l'âge de fept ans ; que les Prêtres Miffionnaires de ce Diocefe étant allé faire des Miffions dans les environs dudit Conteville, fondit neveu les a fuivis auffi long-tems qu'ils font reftés dans le voifinage dudit Conteville, tant il avoit d'ardeur & de zele à s'inftruire des vertus & des moyens du falut ; que ledit BENOÎT - JOSEPH LABRE , lors de fon domicile à Conteville, s'eft préfenté aux Chartreux de Longueneffe, près de Saint-Omer, où il fut reçu ; & quoiqu'il préférât cette derniere Maifon des Chartreux à celle de Montreuil, il ne refta cependant que peu de temps parmi les Chartreux , parce que l'Ordre lui paroiffoit trop doux; que, pen-

dans

dant le féjour dudit Benoît-Joseph Labre, à Conteville, le dépofant a remarqué en fon neveu beaucoup de piété, beaucoup d'ardeur pour la lecture des bons livres, fur-tout pour les ouvrages du Pere l'Aveugle, où ledit dépofant croit que ledit Benoît - Joseph a ce goût, & cette ardeur qu'il eut toujours pour les pratiques de la pénitence ; que, comme ledit Benoît-Joseph Labre avoit un jugement folide & une mémoire heureufe, il avoit imprimé dans fon efprit les vérités qu'il avoit remarquées dans les livres ; qu'il n'étoit pas moins eftimable par fa modeftie que par fa douceur ; que pénétré de la majefté des lieux faints, & de la fainteté de nos redoutables myfteres, il y affiftoit & y paroiffoit avec une modeftie vraiment édifiante ; & qu'enfin fondit neveu étoit très - timide, & n'ofant demander fes befoins, on étoit obligé fur ce point de le prévenir & de le deviner même fouvent ; que cependant il étoit gai en récréation avec les autres, & toujours content : c'eft ce que nous, Commiffaires fouffignés, certifions être véritable & conforme à la lettre que nous a écrite à ce fujet Monfieur Vincent, très - digne Prêtre & Curé de l'Epeffe, dont nous envoyons l'original à Monfeigneur l'Evêque de Boulogne. Ainfi *figné*, Bourgeois, *Vicaire d'Amette* ; Playoult, *Curé d'Amette.*

D

(50)

Le 31 Mai de cette présente année, est comparu pardevant nous Commissaires soussignés, M. Dufour, très-digne Prêtre, Curé d'Anchiaux-Bois, Diocese de Boulogne, lequel interrogé sur les circonstances de la jeunesse qu'a passée chez lui BENOÎT-JOSEPH LABRE; a répondu que ledit BENOÎT-JOSEPH LABRE ayant demeuré chez lui trois mois, pour apprendre la dialectique & le chant, dans le desir de se rendre aux Chartreux de Montreuil, où il étoit reçu à condition de savoir ce que dessus, il a remarqué en lui beaucoup d'ardeur pour apprendre le chant & servir les Messes, peu de goût pour l'étude, & un grand empressement pour la lecture des livres pieux, un grand amour pour la retraite, fuyant même les divertissements qui se font les Dimanches & Fêtes après l'Office, dans les Paroisses de campagne, quoiqu'il y fût excité par un compagnon d'étude, une telle patience à supporter les avis & les réprimandes (que ledit sieur Curé lui faisoit, parce qu'il préféroit la lecture des livres pieux, sur-tout les ouvrages du Pere l'Aveugle, dont il s'occupoit totalement à l'étude de la dialectique); que sa constance tranquille & riante obligeoit ledit sieur Curé à le laisser libre, & enfin un éloignement pour les personnes du sexe, qui alloit jusqu'au scrupule & qui étoit très-connu de ses compagnons d'étude, puisqu'un

jour ledit fieur Curé entrant chez lui, vit
ces mêmes compagnons faifant violence audit BENOÎT-JOSEPH LABRE pour l'obliger à
badiner avec une fille âgée, qui étoit la fer-
vante dudit fieur Curé, & il vit prefqu'auffi-
tôt ledit BENOÎT - JOSEPH LABRE s'enfuir,
après avoir réfifté de toutes fes forces à fes
compagnons ; lefquelles dépofitions, nous,
Commiffaires fouffignés, certifions être véritables. En foi de quoi nous avons figné,
avec ledit dépofant, les jour, mois & an que
deffus. Ainfi *figné*, DUFOUR, *Curé d'Anchiaux-Bois* ; BOURGEOIS, *Vicaire d'Amette* ;
PLAYOULT, *Curé d'Amette.*

Le 31 Mai de la préfente année, eft comparu pardevant nous, Commiffaires fouffignés,
M. Teret, très-digne Prêtre & Vicaire de
Burcbuze de ce Diocefe, lequel interrogé
fur les circonftances de la jeuneffe que ledit
BENOÎT - JOSEPH LABRE a paffée chez lui,
après la mort de fon oncle, Curé d'Erain,
a répondu que pendant le temps qu'il l'a
connu ici, il a remarqué une grande modeftie,
une piété qui alloit jufqu'au fcrupule, un
amour ardent pour la retraite & la lecture
des livres pieux, un defir ardent de mener
une vie auftere, & une grande patience à
fupporter les paroles dures & piquantes que
fes parents, auffi-bien que ledit fieur Teret,
alors Vicaire d'Amette, lui ont dit dans l'in-

tention de bien faire, & de rompre & de diffiper ce pieux deffein qui troubloit, alarmoit, contriftoit toute fa famille & fur-tout fa mere; que, malgré toutes ces traverfes, il ne laiffoit pas d'être gai & de bonne humeur, obéiffant & foumis à fes parents jufqu'à ce qu'enfin il obtînt la permiffion d'aller aux Chartreux de Montreuil, d'où il fortit après fix femaines de noviciat, pour aller à l'Abbaye Royale de Septfonts, à l'infu de fes parents, & qu'il ne refta pas plus de huit mois; lefquelles dépofitions, nous Commiffaires fouffignés, certifions être véritables. En foi de quoi nous avons figné avec ledit dépofant, les jour, mois & an que deffus. Ainfi *figné*, Theret, *Prêtre*; Bourgeois, *Vicaire d'Amette*; Playoult, *Curé d'Amette*.

Le 6 de Juin 1783, eft comparu pardevant nous, Commiffaires fouffignés, Barthelemy-François Delrue, Maître d'Ecole à Nédon, de ce Diocefe, que nous certifions être homme de probité, de confcience & très-digne de foi, lequel interrogé fur les circonftances de la jeuneffe de Benoît-Joseph Labre, a répondu que, pendant le temps que ledit Benoît-Joseph Labre a fréquenté l'école dudit dépofant pour y apprendre à lire & à écrire & l'arithmétique, il a remarqué en lui beaucoup de tranquillité, de piété, de docilité, de douceur, de modeftie, d'ardeur à

apprendre, & de complaifance pour le dépofant, qu'il ne craignoit pas du tout, tant il
avoit la confcience tranquille à cet égard.
De plus ledit Barthelemy - François Delrue
dépofe avoir été fi content & fi fatisfait
dudit BENOÎT - JOSEPH LABRE, qu'il ne fe
fouvient pas de lui avoir jamais rien dit ou
fait pour le contrifter ; lefquelles dépofitions
nous, Commiffaires fouffignés, certifions être
véritables. En foi de quoi nous avons figné
avec ledit dépofant les jour, mois & an que
deffus. Ainfi *figné*, Barthelemy - François
Delrue ; Bourgeois , *Vicaire d'Amette* ;
Playoult, *Curé d'Amette.*

Laquelle copie eft tirée mot à mot de la mi-
nute du procès-verbal envoyée à Monfeigneur
l'Evêque de Boulogne, par MM. Playoult,
Curé, & Bourgeois, *Vicaire d'Amette*, par
lui nommés à l'effet de procéder à l'informa-
tion de la conduite du fufdit BENOÎT-JOSEPH
LABRE, durant le temps qu'il a vécu dans
fon Diocefe de Boulogne.

Du Séminaire de Boulogne, ce 16 de Juin
1783.

RÉFLEXION.

QUELLE différence entre la fin de l'homme de bien qui, après avoir vécu dans le mépris & l'oubli, laiffe après lui une réputation éclatante & fans tache; & la fin de l'homme incrédule devenu célebre par fes crimes & fes productions impies! Le premier n'obtient le fuffrage de la Religion, que parce qu'il n'a point manqué aux devoirs de fon état dans le monde; il n'en reçoit le culte & les hommages que parce que, loin de facrifier le fervice de Dieu au fervice du monde, il n'a fervi le monde que pour Dieu. Le fecond n'a qu'une réputation de parade, qui s'évanouit après fa mort. Le Grand du fiecle dédaignoit prefque de compter le Jufte au nombre de fes efclaves; le Jufte enfeveli dans la pouffiere, béniffoit fa paifible obfcurité; il étoit heureux de n'avoir rien à defirer, rien à quitter fur la terre, parce qu'il favoit que la vertu feule donne l'immortalité. L'incrédule n'étoit jaloux que de fe faire un grand nom, il ne travailloit que pour le temps; il oublioit que tout périt avec l'homme, excepté la juftice; toujours entraîné par l'enchantement des objets préfents, il étoit collé à la terre, comme fi elle ne devoit jamais lui échapper. Le Jufte, pénétré de la grandeur du Dieu qu'il adoroit, étoit grand dans la pratique conftante de la vérité, de la charité, de la pudeur, de la modeftie & du défintéreffement, c'eft-à-dire qu'il étoit grand dans l'ordre de la Religion, ennoblie par la Foi. Mais, hélas! qu'eft-elle devenue cette Foi fi digne de nos larmes & de nos regrets? Tout n'eft-il pas inondé de livres corrupteurs que l'enfer deftine à fa ruine? Pour rendre ces abominables complots inutiles, il ne faudroit que jeter un coup-d'œil fur le caractere des hommes qui l'attaquent. Tandis que le Chrétien ne peut avoir d'autre motif de cœur pour croire à la Religion, que l'attrait & l'intérêt des vertus qu'elle commande, l'incrédule ne peut avoir d'autre motif de cœur pour ne pas croire à la Religion, que l'attrait & l'intérêt des vices qu'elle réprouve : or, par quelle fatalité l'impofture couleroit-elle de la fource de la vertu, la lumiere & la vérité de la fource du vice? Qu'oppofent-ils ces prétendus Philofophes à une Religion fi fublime dans fes dogmes, fi parfaite dans fa morale, que fi elle étoit l'ouvrage de l'homme, on pourroit dire hardiment qu'une main mortelle auroit fu parfaitement imiter l'ouvrage de la Divinité? De vieux fophifmes anéantis, écrafés depuis des fiecles, des contradictions apparentes dans les Livres faints, mille fois

éclaircies & diffipées, une vieille fophifti-
querie, digne du mépris de l'efprit le plus
rétréci. Si donc la foi périt parmi nous, le
crime de notre fiecle fera d'avoir quitté la
Religion ; fon opprobre devant la poftérité
fera de l'avoir abandonnée fans ombre de
raifon, ou plutôt fans autre raifon que la violence de nos paffions. Dangereux Citoyens,
leur zele eft donc auffi funefte à la probité
publique qu'à la Foi, à l'Etat qu'à la Religion. Lâches & perfides féducteurs, ils ne
s'érigent en Apôtres d'impiété, que pour inf-
pirer aux arbitres de leur fortune & de leurs
paffions, des foibleffes dont ils puiffent
profiter. Ils ne cherchent à éteindre la Foi,
que parce qu'ils redoutent le réveil de la
raifon & le retour des vertus ; au refte
leur perverfité bien connue ne trompera
jamais que ceux qui veulent être trompés ; &
malgré leur licence effrénée à la combattre,
la Religion jettera toujours des racines d'autant plus profondes dans les ames vertueufes,
qu'elle n'a coutume d'avoir pour ennemis que
des hommes à qui un orgueil audacieux tient
lieu de fcience & d'étude, des hommes flé-
tris, avilis & déshonorés par leurs mœurs.

Funefte fommeil, quand finira ta léthargie ?
Cœur fi tendre pour la créature, quand cef-
fera-t-il d'être dur & infenfible pour le
Créateur ? Quoi ! nous voyons chaque inftant
accélérer la chûte du monde, des événements

funestes défoler la terre, la bouleverfer, & nous ne penfons pas au moment qui doit trancher *le fil de nos jours ?*

F I N.

On trouve chez le même Libraire, *la vraie Philofophie*, 1 vol. *in-8°.* Ouvrage très-intéreffant par le détail des matieres qu'il traite, il eft divifé en trois parties; la premiere contient un précis des preuves les plus folides de la Religion. La feconde eft une démonftration complette que l'Eglife Romaine eft la feule vraie Eglife. La troifieme eft une critique folide & judicieufe de la conduite & de la marche fourdé & baffe des faux Philofophes, les fources & les fuites de leur incrédulité y font pleinement dévoilées. Cet Ouvrage ne fauroit être trop répandu, fon ftyle pur & coulant eft à la portée de tout le monde; il peut être très-utile pour détromper ou préferver de l'incrédulité. L'Auteur y fait plufieurs differtations très-intéreffantes, accompagnées de notes & d'anecdotes curieufes fur *la Tolérance,* fur *la Puiffance eccléfiaftique & temporelle,* fur *l'Encyclopédie,* le *Célibat des Prêtres, l'état religieux, le Luxe,* les *mauvais Livres,* les *Spectacles,* le *Duel,* le *Suicide;* prix, 3 l. relié, 2 l. broché. A Rouen, chez *Yeury,* Libraire, rue Grand-Pont. A Amiens, chez *Caron* le jeune, près de la Cathédrale.